NOTICE

HISTORIQUE ET DESCRIPTIVE

SUR

AMBLEGNY.

Laon, Éd. Fleury, imprimeur.

NOTICE

HISTORIQUE ET DESCRIPTIVE

SUR

AMBLEGNY

SON ÉGLISE, SA FORTERESSE,

ACCOMPAGNÉE DE PLUSIEURS DESSINS

Par l'Abbé POQUET,

Chanoine honoraire de Soissons, Correspondant des Comités historiques,
des Académies de Reims et de Beauvais,
Secrétaire de la Société archéologique de Soissons,
Inspecteur des Monuments du département de l'Aisne.

*Les Monuments sont de véritables
manuscrits pour la France.*

PARIS.

Librairie de Victor DIDRON, rue St-Dominique-St-Germain 23.
PARMANTIER, rue Fontaine-Molière, 41.

1856

AMBLEGNY.

Pour aller de Soissons à Amblegny, on suit d'abord
la magnifique route de Compiègne, établie sur l'emplacement d'une ancienne chaussée romaine. A droite et à
gauche du chemin, vos regards peuvent embrasser, au
milieu d'une riche et fraîche vallée, une foule de villages
pittoresquement assis, les uns sur les bords sinueux de
l'Aisne, les autres aux pieds des coteaux ou dans les
gracieuses ondulations des montagnes. C'est ainsi que
nous voyons se dérouler devant nous, d'un côté, la plaine
Maupas et ses habitations isolées, Mercin et son petit
castel aux frais ombrages, Pernant et sa flèche élancée;
de l'autre côté, Pasly, avec ses grottes gauloises,
Pommiers et son pont suspendu, Osly, Courtil, sentinelles
avancées sur la rivière, Cuisy-en-Almont, dont on aperçoit
les maisons resplendissantes sur le sommet des collines.
Une fois parvenu à la hauteur de Fontenoy et de sa
vieille église romane, on découvre, au sud, l'entrée
d'une gorge étroite qu'arrose un petit ruisseau originaire
de la forêt de Retz dont il conserve le nom. Ce vallon,
humide et boisé, tend insensiblement à s'élargir en se
rapprochant de la vallée de l'Aisne; mais avant de se
confondre avec elle, vous le voyez se replier sur lui-même
et former un vaste bassin. C'est dans cette plaine accidentée
et couverte de petits mamelons qu'est situé le village,
jadis bourg d'Amblegny, avec ses nombreuses dépen-

dances jetées çà et là dans la campagne ou placées dans les plis d'un terrain tourmenté. (1)

Amblegny (2) est, sans contredit, un des plus anciens villages du Soissonnais et dont l'origine se perd dans la nuit des époques gauloises. L'historien Cabaret, t. 1, p. 549, nous apprend qu'il existait autrefois, dans ce lieu, une de ces pierres levées qu'on est convenu d'appeler Menhir ou Peulvant (3) et il ajoute : Il y a longtemps que

(1) Amblegny compte, en effet, un grand nombre de hameaux : Montaigu, Labarre, les Fosses-en-Bas, les Fosses-en-Haut, le Soulier, la Tarte, Hinnière-en-Haut, Hinnière-en-Bas, Préville, Rollet, la Plaine, Hinclin, Pontarcher, la Quillette, Maubrun (*Maubuin*, *Maubuan*), Normandie (autrefois Courtançon, aujourd'hui réuni à la commune de Saint-Bandry), Lecour, Pontcheminé ; les dépendances ou fermes le Poteau, le Pressoir ; les moulins Emprez, Breuil, Quenneton ; les maisons isolées Chantraine, le Marais. Le territoire de cette commune est immense ; il s'étend non-seulement dans la vallée, mais jusque sur les plateaux des montagnes environnantes ; il comprend plus de 1,700 hectares de terres.

(2) Amblegny, *Ambligniacum*, *Ambli*, *Amblidum*, Ambligny, Amblesy, Ambleny, comme on l'écrit aujourd'hui administrativement. Nous croyons que c'est Amblegny qu'il faut écrire. Ce nom d'Amblegny viendrait-il du latin *Ambo ligna*, population située entre deux bois qui auraient pu prolonger anciennement la forêt de Retz, ou d'*Ambo lineæ*, à cause des deux voies romaines qui se bifurquaient à l'extrémité occidentale de son territoire, l'une au sud-ouest vers Senlis, l'autre au nord-ouest vers Noyon, ou d'*Ambigines, loca flexuosa, anfracta. Ambanare, ambire, cingere*, entourer, d'où *Ambanuus* barrière ? Nous l'ignorons ; nous n'avons aucuns documents qui puissent nous faire accepter une explication plutôt que l'autre. Il serait peut-être plus rationnel d'y retrouver une étymologie celtique, latinisée comme tant d'autres sous la période romaine, et exprimant l'idée pittoresque d'un lieu renfermé entre deux bras de montagnes qui se creusent de larges ouvertures au sud et au nord, pouvant servir de rempart. Nous laissons cette discussion à de plus habiles.

(3) Ces grosses pierres, dressées debout ou assises en forme de tombeau, sans signes bien caractéristiques, ont donné naissance à beaucoup de fables. Plusieurs savants antiquaires les ont

ce vieux témoin des âges celtiques a disparu, sans que nous sachions même la place qu'il occupait. (1)

Toutefois, ne pourrions-nous pas dire, avec quelque vraisemblance, que dès le commencement de la domination romaine dans ces contrées, Amblegny, placé à peu de distance des chaussées de Senlis et de Noyon, dut

prises pour les *saxa grandia* dont parle l'Ecriture sainte. Mais l'opinion la plus probable est qu'elles ont dû être dressées par les Soissonnais gaulois, à la mémoire de leurs grands Capitaines morts dans les combats, ou destinées à rappeler quelques grands évènements. *Ibid.*

(1) Il y a encore aujourd'hui deux lieuxdits qui portent un nom analogue au sujet qui nous occupe : la Pierre-Droite presque sur les bords de l'Aisne, et la *Haute-Borne*, à l'extrémité sud vers le village de Cutry. Voici, au reste, les principaux lieuxdits reconnus dans le cadastre :

Section A, dite de Maubrun. Champ-Tord, l'Epinette du Champ-Tord, le Fond de Vaudingue, la Croix-Rouge, la Courturgeoise, Pruniers-Drus, Fonds de la Justice, les Fosses-Creuses, Pouillon, les Voyeux, Au-dessus de la Fontaine Saint-Martin, Au-dessus de la Croix-Blanche, la Borne Oinne, Fort de Maubrun, les Clos-Juvigny, la Pissotte. (Nord-ouest.)

Section B, dite du Bourg. Fontaine des Chiens, Tételette, Beron, Paradis, Cachiot, Petite-Chavoie, Oserain, les Roches, Au-dessus de la Tour, Rue-Mahon, les Jaunès, Champs de la Brebis, Noyer de Ciry, Borne-Echafaud, Couarde, Pigeonville, le Trécot, Chaudière, Croisette de Ressons, Grands-Chavois, Champs-Sainte-Marie, la Bruyère, près Henecourt, Entre-deux-Rues, près de Presles, l'Aventure, l'Auche-Adam, Normandie. (Centre et nord.)

Section C, dite du Soulier. La Vierzaine, Bois-Robert, Pierre-Droite, Fontaine-Bouillante, Cufroy, Rochet au Prieur, Fond de Valsery, Rue-Foulée, Rue de la Vacherie, Chaussée-Moreuil, Chatel, Certeau, Butte de Montaigu, Rue de Soissons, Fontaine d'Ardelu, Calvaire, Marais-Sangsues, Fond de Bia, Fosses aux Joncs, le Blanc-Riez, les Quarante-Fssins, Rue des Leus, Poirier-Merlette, les Aulnes-Jorlan, Veru, Marais de Millerie, Muid-Touflin. (Est.)

Section D, dite de la Croix des Pas-Saint-Martin. Fond de Fougère, le Chausson, Haut-Buis, Fosse-Jean-Dupont, Croix Sainte-*Creode*, la Haute-Borne, l'Epinette, Sente de Cutry, Fosse-Gallepie, Mont-Orgueil, Croix des Pas-Saint-Martin. (Sud.)

prendre quelqu'importance. La première de ces voies qui traverse encore toute l'étendue de son territoire, à l'ouest, en lui servant de limite, l'enveloppait aussi au nord, où elle ne tarda pas à se bifurquer pour prendre la direction de Noyon par Vic-sur-Aisne. Ce fut à ce point de jonction et sur le plateau septentrional de la vallée qui s'abaisse sur la rivière d'Aisne, que ces maîtres du monde créèrent alors un de ces grands établissements dont la destination certaine nous échappe encore, malgré les fouilles que nous y avons exécutées il y a quelques années, et qui ont provoqué des études sérieuses de la part de la Société. Faut-il voir, dans ces centaines de loges, dont on a mis à découvert toutes les fondations, une immense villa? une vaste exploitation rurale ou industrielle? des magasins pour les approvisionnements de l'armée? des relais établis pour les troupes en campagne? ou une de ces stations militaires échelonnées pendant la conquête sur tous les chemins de l'empire? Il est permis d'en douter; mais son origine et son importance sont hors de toute conteste; et nous devons dire que tout semble se déclarer pour l'hypothèse d'un camp romain. Hâtons-nous d'ajouter que les noms contemporains et significatifs de Pontarcher, de Chatel, si voisins de cet emplacement, paraissent, selon nous, donner quelque poids à cette supposition.

Et, en effet, en face de cette ancienne voie romaine (1) qui, de Pontarcher s'élance en droite ligne chez les Sylvanectes en franchissant les plateaux de Ressons et de

---

(1) On croit que la chaussée de Soissons à Senlis date d'Auguste. César en avait bien conçu le plan après la conquête des Gaules; mais il avait chargé son gendre Agrippa d'en poursuivre l'exécution. Quant à l'embranchement sur Noyon, il ne semble pas remonter au-delà de Caracalla, si l'on en juge par les monnaies et les colonnes milliaires qu'on y a trouvées. *Hist. du Valois*, t. 1. Voyez notre *Précis historique sur Vic-sur-Aisne.*

Montigny-Lengrain, pour se diriger vers Pierrefonds et Champlieu, on remarque, du côté opposé, un mamelon élevé et saillant qui paraît se détacher de cette chaîne de collines à laquelle il appartient et s'avancer en promontoire sur la vallée dont il rétrécit l'ouverture.

Ce monticule, isolé en partie et garni de gradins naturels qui s'étagent circulairement à des distances à peu près régulières, pour ne laisser sur le sommet qu'une superficie d'environ douze hectares, porte encore le nom de chatel, chatelet, *castrum*, *castellum*, camp ou petit château. *Quod castellum vocatur.* Cette position avantageuse, à cheval sur la route militaire de Soissons qu'elle domine, propre à surveiller l'arrivée et la sortie des chemins de Senlis et de Noyon, fut-elle un simple poste avancé, un point d'observation, un *exploratorium*, ou une espèce de camp retranché ? C'est ce que nous n'osons préciser. Mais tout semble annoncer qu'il fut occupé, à une certaine époque, non-seulement par des carrières dont on rencontre encore les nombreuses excavations et les parapets qu'ont formés leurs déblais sur la chaussée de Moreuil, mais encore par des habitations dont on retrouve les emplacements des caves et les débris de tuiles. Ce lieu, qui a traversé le Moyen-Age sous la dénomination obscure de fief de Margouille, était devenu la possession des religieux de Valsery qui l'avaient reçu de Drogon Ier, seigneur de Pierrefonds. Ces derniers l'avaient vendu dans la suite au marquis de Cœuvres, Antoine d'Estrées. (N'est-ce pas plutôt le fief de Mont-Aigu ?)

C'est peut-être sur ce bastion avancé, qui présente un front formidable, et d'où la vue plonge au loin, et jusque dans les replis des vallées voisines, qu'il faudrait placer les restes du camp que dressèrent les ennemis, lors du siége de Soissons, en 1414. Pour nous, nous l'avouons, nous n'aurions pas d'autre endroit à lui assigner si nous ne lisions, dans un chroniqueur manuscrit de Soissons,

sous la rubrique de 1429 : « Pendant le séjour de Charles
» VII à Soissons, les troupes furent campées dans la
» prairie d'Amblegny, dans un camp d'une rondeur
» tirée au cordeau, qui faisait comme une espèce d'am-
» phithéâtre de tous côtés et qui s'y voit encore dans
» son entier. Ce qui fait juger qu'étant fait à l'ancienne
» façon des Romains, que quoiqu'il y eût des armes à
» feu lors, elles n'étaient pas encore bien connues. »
N'en déplaise à l'historien soissonnais, nous n'avons
rien trouvé des vestiges apparents dont il parle, quoique
nous ayons parcouru toute cette prairie, interrogé toutes
les configurations du sol. Nous n'avons rencontré, dans
notre exploration, que deux tertres nommés l'Aventure
et la Normandie ou le Calvaire. Encore ces mamelons
n'auraient-ils offert qu'une assiette peu favorable pour un
campement en rase campagne !

Les quelques tombes, dont les fragments brisés ap-
paraissent dans la tranchée du nouveau cimetière, ne
suffiraient pas pour dissiper nos doutes ni fixer nos incer-
titudes, attendu que ces débris ne prouvent qu'une seule
chose : la destination de ce lieu affecté à d'anciennes
sépultures.

ÉGLISE.

Du haut de ce tertre, on découvre complètement l'église
d'Amblegny et le noir donjon qui l'avoisine. L'église
présente un fort bel aspect et justifie même de loin la
réputation de petite cathédrale qu'on se plaît à lui donner.
C'est certainement un des édifices les plus complets et les
plus élégants qui existent dans le Soissonnais, d'ailleurs
si riche en monuments religieux. Nous pourrions ajouter
qu'une foule de chefs-lieux de cantons, et même de villes
populeuses sont loin d'être aussi heureusement dotés
que le village d'Amblegny. Cependant cette construction

appartient à différentes époques architecturales; les xiie,
xiiie et xvie siècles y sont largement représentés. La nef,
les bas-côtés, une partie du chœur, accusent la pre-
mière époque dans leurs pleins-cintres mêlés d'ogives ;
la seconde étale au clocher, et dans quelques parties res-
taurées, sa forme lancéolée ; la troisième époque, soudée
en quelque sorte aux deux autres, réclame pour elle,
avec son style prismatique et flamboyant, les contre-forts
de la nef, l'augmentation des transepts et le sanctuaire.
Mais une appréciation aussi générale ne suffirait pas
pour juger un édifice auquel on attache avec raison une
certaine valeur archéologique, il faut des détails qui en
fassent connaître toute l'importance ; nous allons essayer
de satisfaire ce légitime désir.

Extérieur. Le portail offre, dans sá partie inférieure, une
physionomie toute romane : une voussure à plein-cintre
flanquée de colonnettes annelées surmontées de chapiteaux à feuillages, chargés de masques, à cheval sur des
animaux fantastiques. Sur l'un de ces chapiteaux, on
reconnaît saint Laurent étendu sur un gril. Une archivolte
fleuronnée couronne la voussure. Sur les parois du tympan
on distingue encore quelques fragments de peintures à
fresques représentant la figure de Notre-Seigneur, celle
de saint Martin, patron de l'église, et de saint Pierre,
prince des apôtres.

Au-dessus de la porte s'ouvrent deux petites fenêtres
qui nous ont paru rappeler un motif que nous avions vu
à Courmelles, et annonçant le commencement de l'ogive.
On a pratiqué, entre ces deux ouvertures, une large
fenêtre à meneaux contournés qui date du xvie siècle.

Les ailes ou les bas-côtés de la nef sont entablés d'une
corniche à crosses végétales entremêlées de figures gro-
tesques. Celle de gauche, d'un aspect plus roman, a
été brisée en plusieurs endroits par l'exhaussement des

fenêtres qui l'ont endommagée ; les fenêtres de gauche sont plus régulières et plus franchement ogivales.

De grands et lourds contre-forts, projetés en arcades, viennent contrebuter la nef principale ; les pyramides en sont décorées de bouquets de fleurs d'une grande simplicité. Sur l'un de ces contre-forts on remarque la statue d'un personnage à cheval sur le pignon, au-dessous de laquelle on lit : A. L. MVCXXXVI (1536) ; le C ne donne ici que la signification des chiffres précédents, sans en augmenter la valeur. Un examen très-attentif nous a convaincus que telle devait être l'interprétation de ce millésime, intéressant comme date et confirmant, par sa présence, l'âge réel des grands travaux qui furent alors exécutés dans l'église d'Amblegny. Nous ne dirons rien du petit porche latéral, défendu par une espece d'auvent fermé. Son arc surbaissé, ses anges joufflus, ses triglyphes, ses métopes, en font une œuvre du siècle dernier, tandis que la porte, avec ses ornements, remonte à la construction primitive des bas-côtés.

Nous pensons qu'il faut aussi assigner l'époque du XVIᵉ siècle à l'addition des transepts et à l'abside polygonale. Ces larges fenêtres à meneaux perpendiculaires ; mais dont les extrémités sont contournées en formes de cœur et de mitre ; ces contre-forts saillants dans lesquels sont pratiquées des niches couronnées de dais festonnés ou de légers pinacles, peuvent accepter sans violence une date qu'on a quelquefois attribuée au siècle précédent. On pourrait démontrer, par de nombreux exemples, que le mélange de l'architecture ogivale dégénérée et se traduisant par des complications sans fin, des ornements affilés et mesquins, s'est encore longtemps imposé, même dans les plus beaux jours de la prétendue renaissance. On ne brise pas de suite avec les habitudes et les traditions du passé, même quand ce passé est défectueux. Nous en avons encore, même de notre temps, des preuves malheureusement trop fréquentes.

Personne, assurément, ne sera tenté de confondre cette architecture maniérée et pleine de maigreur avec ce style robuste et vigoureux des transepts où règne le plein-cintre. Dans l'un des murs du transept gauche, il existe encore aujourd'hui une porte bouchée et enterrée de plusieurs pieds. D'après une ancienne tradition qui s'est conservée dans le pays, ce serait la porte par où passait le roi saint Louis lorsqu'il entrait à l'église. Cette tradition nous paraît sans aucun fondement; et nous sommes portés à croire que cette communication a dû être établie pour la commodité des prêtres qui habitaient la maison curiale qui en est très-rapprochée.

Le clocher, bien qu'il ne puisse pas rivaliser avec ces flèches élevées que l'on rencontre quelquefois dans le Soissonnais, ne manque pas cependant d'une certaine élégance : c'est une belle et haute tour carrée terminée par un toit à double égoût. Deux larges baies, séparées par un massif garni de plusieurs colonnettes avec chapiteaux à crochets, surmontées de tores, en décorent agréablement les parois. Aux angles, les contre-forts inférieurs s'arrêtent à une moyenne hauteur pour se profiler en longues colonnettes jusqu'à la corniche en modillon. Le galbe ou pignon est orné de plusieurs fenêtres ogivales et de petites rosaces à segment; cette disposition architecturale, qui tend à faire disparaître les plains, donne de la légèreté à l'édifice et le rend en quelque sorte transparent. Les transepts et le sanctuaire sont percés de grandes fenêtres avec meneaux contournés, et éperonnés de contre-forts dans lesquels on a taillé des niches élégantes, couronnées de pinacles finement découpés. On remarque dans le pignon du transept méridional quelques sculptures représentant, dans le haut, le Saint-Esprit; au-dessous, Notre Seigneur, tenant le globe du monde d'une main et bénissant de l'autre. Les deux médaillons qui l'accompagnaient ont été entièrement grattés et ne laissent apercevoir à côté que deux calices.

INTÉRIEUR. L'église, déjà si intéressante à l'extérieur, offre, à l'intérieur, un cachet en quelque sorte plus monumental et moins heurté. Le ton un peu hybride qui frappe au dehors le visiteur, jaloux de ne voir dans les constructions qu'un agencement harmonieux, ne produit pas ici le même effet ; on dirait que la divergence des styles architectoniques que l'on vient de constater s'efface entièrement pour ne laisser subsister qu'un ensemble gracieux. Après être descendu de quelques marches, vous vous trouvez dans une vaste nef accompagnée de ses deux déambulatoires. Douze colonnes cylindriques, garnies de chapiteaux à corbeilles, hérissées de crochets à boutons dans le haut et plaquées, dans le bas, de feuilles d'eau, de chêne et de lierre peu fouillées (1), surmontées d'un tailloir tantôt carré, tantôt octogone, forment de belles travées. Parmi ces colonnes, deux surtout, à l'entrée de l'église, ont appelé notre attention par leur tournure originale. L'une d'elles, cantonnée de quatre colonnettes à demi engagées avec chapiteaux, nous a présenté une base polygonale peu élevée, ornée d'un tore à peine accusé et d'une scotie sans profondeur ; l'autre, en regard, nous offrait une base unie, un fût creusé de cannelures prismatiques avec une espèce de bourrelet au socle et au tailloir. Il était aisé de voir que c'était là un remaniement du XVIᵉ siècle. Ces entrecolonnements forment cinq travées ogivales, disposées en voussures et où des boudins géminés encadrent une plate-bande, motif que nous retrouvons dans les grands arceaux de

(1) Quelques-uns de ces ornements sont cependant traités plus vigoureusement ; mais leurs contours, pour être plus largement accusés, n'ont pas toujours perdu leur rudesse d'exécution.

la voûte. Du tailloir carré ou octogone partent des nervures pour soutenir la voûte et envelopper la travée latérale. Ces nervures vont se réunir à un point central de la voûte et se terminent en fleurons accostés de figurines. Cette voûte, de douze à treize mètres d'élévation et que l'œil décompose de suite en trois parties égales, la colonne, le tiers-plein du mur, et la fenêtre, lui donne un aspect qui ne le cède en rien à celui d'édifices plus considérables.

Dans les bas-côtés, les pilastres, flanqués de trois colonnettes, portent de préférence, comme ornement, des feuilles recourbées en boutons, semées de petites grappes de lierre alternées d'espèce de langues, sillonnées de nervures grossières. On remarque cependant deux têtes d'un dessin assez correct. Les nervures ne sont que de simples tores en dos de carpe, et les clefs de voûtes des fleurons feuillagés. Ne pourrions-nous pas répéter ici une observation que nous avons déjà faite ailleurs : c'est que l'ogive a commencé à s'introduire au-dedans des églises avant de faire irruption au dehors. Les fenêtres basses de l'église d'Amblegny viendraient, au besoin, appuyer cette opinion.

Le clocher repose sur quatre gros piliers, dont deux plus anciens et les autres plus nouveaux. Les premiers, qui servent de soutiens à l'arcade triomphale, sont cantonnés de colonnes courtes, à la base peu élevée et armée de griffes. Sur la corbeille du chapiteau pousse une abondante végétation; des monstres horribles, des dragons affreux, dévorent ces longues et larges feuilles évidées vers le milieu et retombant en bouquets touffus. Cinq tores ornent le dessous des arcades ; un gros tore saillant remplace la plate-bande unie pour s'harmoniser avec les colonnes cantonnées. Le même système a été employé dans les nervures qui croisent la voûte du chœur. Ce sont deux tores juxta-posés, recouverts en partie par la nervure médiane qui est beaucoup plus forte et superposée. Quant à l'arcade qui s'ouvre sur le sanctuaire, tout atteste ici un remaniement complet ; soit que la destruction de l'ancien abside ait compromis la solidité des vieux piliers romans, soit qu'on ne les ait pas jugés assez forts pour supporter le clocher, on a cru devoir les renjamber par un corps de maçonnerie plein qui a donné beaucoup de lourdeur à cette partie de l'église, gêne la vue et défigure ces gracieuses colonnes. Peut-être qu'en trouant cette masse de pierres sans caractère qui les enveloppe aujourd'hui, retrouverait-on les colonnettes engagées et leurs élégants chapiteaux. Dans le travail de consolidation qui s'est fait alors, et sans aucun souci du style architectonique, on s'est contenté de profiler sur les angles deux colonnettes surmontées de chapiteaux grossiers et épais ; puis on s'est borné à rattacher ces larges déchiquetures à une corniche saillante d'un style plus que douteux.

Nous avons dit que le transept était en quelque sorte double, grâce à l'addition faite au XVIe siècle. Rien de plus facile, au reste, que de distinguer la partie romane, non-seulement par ses fenêtres à plein-cintre ; mais surtout par l'ornementation et la richesse des chapiteaux historiés dont le galbe occupe une place importante. On y rencontre ordinairement une guirlande de palmettes, puis plusieurs rangs de crosses qui se superposent, enfin, de grandes feuilles de lauriers, de perles et de broderies, se repliant d'une façon très-variée. Quant à la seconde partie, dite flamboyante, elle tranche sur la première par ses colonnettes incomplètes, les larges dimensions de ses fenêtres à meneaux contournés. La construction revêt alors des formes vagues et indécises. Il n'y a plus ni base, ni fûts, ni chapiteaux dans la colonne antique ; c'est une réminiscence de l'ornementation ancienne, mais une réminiscence malheureuse et dégradée. Il n'y a là rien qui rappelle cette riche et puissante décoration des beaux temps de l'architecture. L'une présente l'image d'un corps robuste, luxuriant de broderies et de festons; l'autre ressemble à un convalescent qui a longtemps souffert entre les mains de médecins inhabiles : sa taille s'est élancée, ses yeux se sont agrandis ; mais sa forme vigoureuse a disparu, une triste maigreur s'est emparée de lui. L'architecture religieuse, elle aussi, a perdu sa vigueur primitive, sa mâle inspiration; elle ne laisse plus apparaître, de loin en loin, qu'un souffle de vie qui va bientôt s'éteindre. Ces observations, nous pourrions les reproduire à l'égard d'une foule d'églises et notamment pour celles de Condé-en-Brie, de Fère-en-Tardenois et de Château-Thierry.

C'est dans l'un de ces transepts que se trouve enchâssé dans un rétable en bois, un tableau du rosaire. Nous retrouverons cette dévotion à Chézy-l'Abbaye, à Fère et à Cœuvres. Cette confrérie avait eu ici pour fondateur un nommé Charles Duchesne, docteur en médecine. C'est, du moins, ce qu'atteste l'inscription d'une pierre tumulaire placée près de l'autel; l'effigie du fondateur s'est effacée sous les pas des fidèles ; mais on peut encore y lire : *Charles Duchesne, vivant docteur en médecine et paroissien d'Amblegny, fondateur du saint rosaire de céans.*

Le sanctuaire pentagone est éclairé par trois grandes verrières divisées par des meneaux et jadis ornées de vitraux de couleur. Il n'en reste plus que des fragments insignifiants. Le seul morceau un peu complet qui existe encore occupe le haut de la fenêtre médiane. On voit, sur un fond rouge, un arbre qui s'élève au milieu. Sur son tronc noueux est peint un blazon au champ d'azur, semé de trois arbres d'or, deux en chef et un en pointe. Dans le compartiment plus bas, sont les armes de France péries en bande.

Le maître-autel placé dans l'abside rappelle, dans sa

forme, celui de la cathédrale de Soissons. Il est composé de deux pilastres de marbre blanc, cannelé, marqueté aux angles de morceaux de marbre jaspé, auxquels sont attachés des anneaux dorés. Ces pilastres sont destinés à soutenir la table d'autel en marbre de Saint-Anne. Au-dessous et entre les deux supports se trouve un tombeau de marbre en mosaïque jaspée, dans lequel sont renfermées les reliques. Les gradins, le tabernacle, les chandeliers et la niche répondent, par leurs richesses, à ce bel autel.

Au fond de l'abside existait jadis un escalier par où l'on descendait dans une crypte ou caveau, aujourd'hui abandonné, et qui date aussi du XVIᵉ siècle. Ce caveau existe encore dans le cimetière au nord-est.

Cette église ne possède aucun objet d'art qui ait quelque aleur ; elle n'est pas plus riche en tableaux. A peine nous sommes-nous arrêtés devant deux petites peintures, à l'autel du rosaire, représentant l'Annonciation et l'Adoration des bergers. L'autel Saint-Jean possède une descente de croix passable : Marie reçoit dans ses bras le corps inanimé de son fils ; Madeleine le soutient d'une de ses mains, et de l'autre essuie ses larmes ; ses parfums sont à côté d'elle ; une autre sainte femme soutient le bras gauche du divin crucifié. Au-dessus planent deux anges tenant, l'un l'image de la Sainte-Face, et l'autre les trois clous et la couronne d'épine. Malheureusement, ce tableau-a été retouché en plusieurs endroits. Cette composition n'est pas sans mérite. On remarque de l'expression dans les personnages dont quelques-uns sont teintés avec une certaine vigueur. A côté de ce tableau existe une autre petite toile sans valeur du côté de la peinture, mais curieuse par l'idée originale de l'artiste : c'est le baptême de Jésus-Christ. Un ange est à genoux entre le Sauveur et saint Jean. Celui-ci est placé près d'un rocher où il appuie la hampe de sa croix.

Au-dessus, se trouve une forteresse crénelée en ruines ; à l'extrémité, un ange conduit un petit enfant chaussé de sandales à travers un désert, et lui montre du doigt la route qu'il doit prendre pour éviter une dangereuse forêt qui est au-dessus.

La sacristie possède aussi un petit tableau de la Sainte Vierge et de l'Enfant-Jésus, qui n'est pas à dédaigner. Nous ne dirons rien des statues en bois représentant l'*Ecce Homo*, saint Sébastien, la Sainte Vierge, plusieurs saints Evêques avec la chasuble antique, sainte Barbe, le jeune saint Martin. Nous n'avons là rien à voir, rien à recommander.

INSCRIPTIONS.

Nous avons trouvé dans l'église plusieurs inscriptions : les unes gravées sur des pierres tombales en partie brisées et illisibles, les autres attachées contre les colonnes. Celles-ci sont bien conservées. Parmi ces épitaphes tumulaires les plus endommagées, l'une mentionne un habitant *du Rollé, paroisse d'Ambliny*. Celle que nous avons le plus regrettée est une tombe du XVIe siècle, cantonnée à ses angles des symboles évangéliques, chargée d'un blazon triangulaire et d'une longue légende. Les autres inscriptions sont placées dans différents endroits de l'édifice. On lit sur un des piliers de la nef :

Cy devnt gist Symone Foreirie, fème de Jehan Langlet, censier du Chastel, auprès de la mère Marie Gorieu. Laquelle est trespassée l'an V,XXXVIII le jour de Ntre Dâe en mars ; et auprès de la mê. Jehan Duchemin Chirgien, mari de Bastiêne, fille du dz Lenglet et de la de Simone qui est trespassez l'an V^c IIXII le IIIe de novembre, Priez Dieu por lê ames.

Sur une autre pierre gravée et enduite de mastic noir enrichi de quelques ornements et d'une tête de mort, on lit :

A LA MÉMOIRE
de vénérable et discrette

personne Louis Brayer, prêtre,
cy devant cvré de la paroisse
d'Ambleny et chan^e de Notre
Dame des Vignes de Soissons,
qui après avoir administré la
d^e paroisse pendant 20 ans
et demy et chan^e 2 ans 8 mois,
trèspassa le 11 février 1724,
agé de 53. Dam^{lle} Marg^{te} Labouret
sa mère, veuve de Me Nicolas Brayer,
march^d à Soissons, a fondé en cette
Eglise pour le repos de l'ame de
son fils les prières de 40 heures,
le dimanche, lundi et mardi de la
Quinquagesime, vne messe de requiem
le 11 febr, vne le jour de St-Louis
le 29 xbre, vne le 2 janvier et vne
autre le jour de St-Estienne pour
le repos de l'ame de Me Estienne
Robert, cvré, prédécesseur dvdit
sr Brayer, aux charges portées en
l'acte passé pardevant Cholet,
note à Soissons, le 25 febr 1726
     priés Dieu pour son ame.
Les trois premieres messes
ci-dessus sont pour le repos de
l'ame dudit sieur Brayer.

Sur un autre pilier du bas-côté droit est représenté le Temps ailé, une ceinture sur les reins et tenant un sablier à la main ; des larmes l'environnent en signe de deuil. Au-dessous est écrit :

A LA GLOIRE DE DIEU

et à la memoire de deffunte Antoinette
Rousin, vivant femme et épouse de Me
Nicolas Charpentier, march^d demeur^t
au Pontarcher, décédée le 27 mars
1734, agée de 37 ans, onze mois et 4
jours. Ledit Charpentier, son mary,

a fondé en cette paroisse pour le
repos de l'ame de la dite defunte,
son épouse, un salut solemnel à per-
petuité avec un *Libera* et un *De profundis*
à la fin, le dimanche de la Sainte
Trinité, et une messe basse de **Requiem**
aussi par chacun an le jour du décès
de la ditte deffunte ; et pour cet effet
a donné cent sols de rente par chacun
an à la cure et fabrique de cette paroisse.
Le tout comme il est porté au contract
passé par devant Mᵉ François Calais,
notaire à Soissons , le 27 janvier 1735.

Requiescant in pace.

Mais l'inscription la plus curieuse est celle qui est,
gravée sur une petite pierre losangée, d'environ trente-
cinq centimètres de diamètre. Cette épitaphe, incrustée
en ciment rouge, est ornée de plusieurs sujets qui oc-
cupent des angles et représentent, dans le haut, un cerf
affronté de ses branches ; au bas un griffon ailé ; sur les
côtés, l'Agnel ou *Agnus Dei*, avec le nimbe et le porte-
étendard, la patte appuyée sur un serpent ; au bas saint
Jean-Baptiste. Un long phylactère, replié sur lui-même,
s'enroulant autour des lettres pour rattacher les sujets
entre eux , porte, tracé en caractère ordinaire et en
chiffres arabes, la légende suivante :

2cc2. 168358d23. 75029293. Celvy qvy ma faict et en pierre
refaict, espère qve de ce lieu lapellera son Diev. Celvy qvy ma
taillié prie ses bons alliez qu'après sa mort soit mis avecques ses
bons amis. 1581. 162129826. 928d2z. 82592t. c34592. 210206328c
19d328. 61z.

Cy Devan. gy. le corps. en sepvltvre.
de. Jan. Mahon. leqel. de. sa. natvre
fvt. labovrevr. de. vertv. en. la. terre.
la. où. vôs. este. vivans. a. gran. misere.
le. IIᵉ. d'octobre. rendi. sô. esprit. a.

v. gran. Diev. immortel. leql. la repri.

t. lan. v^e. cinqvante nevf.

son cops. fv. mis. en. vn. sercvel. nevf.

natif. estoit. d'Amblegny. cett. ville.

Mais. delaisans. sa. fame. et. sa. famille

set. retiré. av liev déterminé.

de. nostre. Diev. leql est assigné

av. bon. crestien. de. ce. monde. partâ.

et. sera. la jvsqva qvelqve tant.

qv. le. dovx. IHS. Christ. aparoîtra. a tos

por. assoire. sa sentence. svs. chacvn. de. ns.

or priez. Diev. avecqve vn dovx pâr (ler).

qua. lvy. plese. a. sa. destre. lapeller.

Anthoine Chav.

La belle cloche d'Amblegny, dont la voix forte et solennelle est chargée d'annoncer, jusque dans les hameaux les plus éloignés les pieuses et saintes convocations de l'église aux nombreux habitants de la paroisse, porte aussi une inscription qui atteste son origine :

« L'an 1788, a été bénite par M. Robert François, curé de cette paroisse, et nommée Gervaise par Messieurs du Chapitre de l'église de Soissons, seigneurs de cette paroisse, et par dame Anne-Louise Berthier, épouse de M. de la Bourdonnaye de Blossac, intendant en la généralité de Soissons, marraine.

» Faite par les Antoine, frères ; M. Louis Demont, marguillier, M. Pierre Laplante, syndic. »

Cette belle cloche pèse 2,000 kilogrammes. La moyenne a été enlevée et n'a pas été remplacée depuis.

En sortant de cette église que la Société avait visitée avec un si vif intérêt, en compagnie de M. le maire et de M. le curé, un vœu a été émis : c'est de voir enlever, le plus tôt possible, les terres de l'ancien cimetière. Par ce déblaiement devenu indispensable, l'édifice acquerra une utile salubrité et retrouvera un aspect plus avantageux. La Société a aussi exprimé le désir de voir repaver la nef et les transepts; M. le maire a bien voulu lui donner l'assurance qu'il avait l'intention de s'occuper prochainement de ces travaux dont la commune avait reconnu depuis longtemps l'impérieuse et urgente nécessité.

Non loin de l'église et à quelques mètres seulement de ses murs, on voit, à l'est, une maison du XVIe siècle, remarquable par son style, sa vaste cheminée, une tourelle octogonale, des fenêtres à meneaux prismatiques et des grandes lucarnes à frontons. Le pignon de cette habitation qu'on désigne sous le nom de mairie, et où l'on rendait la justice (1), est encore tout criblé de balles venant de la forteresse que nous allâmes visiter avec M. Liénard, propriétaire actuel. M. Liénard était venu de Soissons pour faire les honneurs de sa propriété et nous transmettre tous les renseignements qu'il possédait sur ce vieux donjon qu'il affectionne comme un ami d'enfance et un héritage de famille.

FORTERESSE.

On éprouverait sans doute quelque difficulté pour reconstituer aujourd'hui la forteresse d'Amblegny telle qu'elle existait au XIIIe siècle, puisque son enceinte murée et les tours qui l'accompagnaient ont disparu depuis longtemps. On reconnaît à peine, à l'ouest et au nord, quelques portions de remparts et l'emplacement d'un large fossé. Cependant, il nous a semblé qu'avec un peu de patience et à l'aide d'un examen attentif, on parviendrait encore à se faire une idée assez juste du plan de ce château-fort qui, d'après le système stratégique de l'époque, ne devait pas occuper une grande superficie

(1) Amblegny était une des onze mairies de la châtellenie de Pierrefonds.

de terrain. Si nous en jugeons, en effet, par des constructions analogues, nous verrons qu'on se contentait
d'enfermer de murs de sept à huit mètres d'élévation
une enceinte très-exigue que l'on flanquait de tours de
distance en distance et que l'on faisait toujours précéder
d'un large fossé pour en défendre l'accès. Au centre ou
à l'une des extrémités, était placée une maîtresse-tour
plus forte, plus élevée que les autres, et que l'on qua-
lifiait pour cela du titre de donjon (1), disposition que
nous retrouvons à Coucy, à Vic-sur-Aisne et ailleurs.
Or, c'est évidemment ce qui a eu lieu pour Amblegny :
sa nature de forteresse du second ordre et de la dépen-
dance de Pierrefonds, les fragments de remparts qui
subsistent au nord, les substructions qu'on a mises
à jour à l'ouest, où se trouvait très-probablement le
principal corps-de-logis, tout nous porte à admettre
qu'il a dû en être ainsi. D'après les renseignements de
M. Liénard, le château se composait d'une grosse tour
et de cinq tourelles; deux ont été détruites en 1793,
une autre a été démolie par le propriétaire, ainsi que
la porte flanquée de deux tourelles. Chacune de ces tourelles occupait l'angle des fortifications au sud et à l'est.
La partie de l'ouest était défendue par le corps de logis,
flanqué de contreforts triangulaires. Si l'on s'en rapporte
au dessin conservé dans Tavernier, et que nous repro-
duisons ici, le donjon était terminé à la hauteur de l'entablement, à trente mètres environ du sol, par une

(1) Suivant Menage, le mot Donjon viendrait du latin barbare
Domnionus qu'on trouve dans les anciens titres avec cette signification et qui aurait été faite par corruption de *Dominium*,
domination : parce que le donjon était un signe d'autorité et de
puissance, et qu'il dominait sur tout le territoire qui l'avoisinait.
On pouvait aussi lui donner ce nom parce que le donjon dominait
toute la partie du château-fort, les remparts, et qu'il veillait ainsi
en maître à la défense et aux intérêts de tous.

plate-forme avec un parapet crénelé; quatre échauguettes s'élevaient en flèches circulaires très-aiguës et couronnaient les tourelles angulaires ; le milieu était couvert par un pavillon qui avait pour bases les parties rectilignes des murs. L'entrée principale se trouvait à l'est vers l'église (1). Nous serions très-embarrassés pour déterminer quels étaient les travaux de défense qui existaient au sud et au sud-est, si nous n'avions recours, pour recomposer ce vieux fort, aux murs crénelés garnis de vigoureux éperons, comme celui qui étaye encore l'angle du rempart nord-ouest. Ces constructions militaires, très-variées, revêtues quelquefois de bastions avancés, se rattachaient souvent à la chemise ou enveloppe extérieure du donjon. Un fossé ou canal de dix mètres était creusé en avant des fortifications. C'est au centre de ce plateau retranché que fut bâti l'imposant donjon qui subsiste encore, grâce à sa solidité et au peu d'avantage qu'a présenté sa destruction à toutes les époques (2).

(1) Il y a encore, dans cette partie occupée aujourd'hui par une auberge, des caves immenses, ogivales et en plein-cintre, qui s'étendent sous le cimetière et jusque sur la place publique. Ces larges caveaux ou souterrains ont pu servir à des magasins, au besoin à faire quelques sorties contre l'ennemi. M. Liénard nous a assuré qu'il existait un conduit souterrain qu'il a démoli, qui communiquait à l'église.

(2) Ce donjon, d'une conservation si parfaite, a failli cependant disparaître à la suite de la révolution de 1789. Il fut vendu en 1793 pour être démoli; mais les difficultés qu'on éprouva pour opérer cette démolition ayant constitué les acquéreurs dans des frais inutiles, on fut obligé de renoncer aux destructions projetées. Le monument ne fut pas sauvé pour cela. Une dénonciation faite au Comité de Salut Public faillit, dit-on, obliger l'acquéreur à consommer au plus vite cet acte d'un ignoble vandalisme. Obéissant, quoiqu'à regret, aux iniques prescriptions qui régissaient alors la France, le malheureux propriétaire dut, bon gré mal gré, mettre la main à l'œuvre et essayer de décapiter, le plus lentement

DONJON.

Pour vous faire une idée nette et précise du plan de cette tour, rappelez-vous l'antique donjon du château d'Etampes, à la station du chemin de fer de Paris à Orléans (1), vous trouverez beaucoup de ressemblance, une sorte d'affinité entre ces deux constructions. On peut même ajouter que celle-ci est bien préférable au point de vue de la régularité du plan et de sa belle conservation extérieure. Le donjon d'Amblegny, composé de la réunion de quatre tours cylindriques rapprochées, mais de manière à laisser cependant une portion de mur rectiligne entre chacune d'elles, forme une espèce de quadrilatère régulier, cantonné à ses angles d'une tour engagée et demi-sphérique. Cet agencement vous a paru, comme à moi, présenter une certaine analogie avec ces gros piliers d'églises flanqués de colonnes cylindriques, avec cette différence, toutefois, qu'ici le cantonnement a lieu aux angles, tandis qu'ailleurs il occupe le beau milieu de la ligne.

Il est aisé de voir quel aspect pittoresque offre une construction de ce genre ; et quelle force de résistance elle doit opposer à l'ennemi, puisque ses lignes rectangulaires se trouvant abritées par la saillie des tours, sont en partie à couvert des attaques, tandis que de leurs étroits créneaux peuvent partir des engins meurtriers. Au reste, les ouvertures étaient peu multipliées dans ces donjons ; à peine y avons-nous reconnu quelques fenêtres étroites, les embrasures plus larges ne

possible, la tête altière de l'inoffensif donjon. Heureusement, cette sauvage injonction ne dura pas longtemps ; on laissa alors les possesseurs de ruines tranquilles ; et une foule d'édifices, précieux par leurs souvenirs, durent à cette circonstance inespérée et au peu d'avantage que présentait leur démolition, la prolongation de leur existence.

(1) L'ancienne tour du temple à Paris avait aussi la forme carrée avec des angles arrondis.

se pratiquaient que dans la partie supérieure ; encore celles que l'on voit dans le plein des murs , ne remontent-elles pas toutes à l'origine de la construction ; ce ne sont que des modifications que le temps ou l'usage auquel elles étaient destinées a introduit dans la suite. Ces créneaux , dans la partie inférieure , n'étaient positivement que des fentes oblongues et sans évasement; et l'on n'accédait au cœur de la forteresse qu'au moyen d'un pont-levis volant établi au-dessus du rez-de-chaussée. On voit encore l'entrée de celui-ci à l'est, vis-à-vis le portail de l'église.

Cette partie de l'édifice, étant la plus vulnérable , était tournée vers le côté le moins accessible, ce qui ne l'empêchait pas d'être chaudement attaquée par tous les moyens alors en usage. La mitraille n'a pas seulement laissé ici les traces de son passage, mais aussi l'incendie. On sait que dans le siége d'une forteresse, on avait quelquefois l'habitude, après avoir franchi le rempart, d'amasser contre les murs du donjon des monceaux de matières inflammables et d'y mettre le feu, dans l'espoir d'en calciner les pierres, de brûler le pont-levis et d'incendier l'intérieur de la tour. C'est ce qui paraît avoir eu lieu à Amblegny, quoique l'histoire locale soit muette à cet égard. On croit reconnaître à cette teinte rougeâtre, à cette coloration blafarde et noire empreinte sur les pierres rendues friables, les signes incontestables d'un fait omis par les chroniqueurs.

Cette tour, d'environ 45 mètres de circonférence et de 20 mètres d'élévation, ressemble aujourd'hui à une énorme colonne tronquée portant une base de 5 mètres, un fût d'environ 15 mètres; malheureusement, le couronnement de mâchicoulis ou l'entablement crénelé qui en étaient comme le chapiteau, sont tombés, ainsi que le toit conique, et peut-être les fortins qui s'élevaient comme une guérite pour le chevalier du guet. Comme au donjon d'Etampes, l'entrée était placée au niveau du premier étage, entre la convexité des tours d'accompagnement ; on y arrivait par un pont-levis qui s'abaissait sur le mur d'enceinte. Au-dessus de cette porte, on remarque aussi un couloir qui communiquait dans la tour voisine d'où l'on rejoignait un escalier qui est au-dessus.

Les désastres ont été bien plus considérables à l'intérieur : le donjon a perdu depuis longtemps ses voûtes, ses planchers et une partie de ses escaliers ; c'est, depuis deux siècles, une vaste et immense ruine, donnant au vent, à la tempête et à la pluie un libre passage. Sa distribution comportait quatre grands étages de 6 à 7 mètres chacun ; des arcades en plein-cintre mettaient l'intérieur des tours angulaires en communication directe avec la partie centrale ; chacune d'elles était éclairée par un créneau ; elles étaient voûtées en pierres sans nervure ; sans doute que de fortes poutres, s'appuyant sur un pilier central, soutenaient le plancher de la grande salle du premier étage. Au second étage, le plein des murs rectilignes s'évidait et procurait une position aux soldats qui recevaient le jour entre deux cintres superposés. Au troisième étage, deux des tourelles servant au dégagement de l'escalier présentent des fenêtres carrées ou cintrées. Le sommet du donjon offre une vue délicieuse sur la vallée et embrasse un beau et riant paysage. Nous ne sommes pas surpris que ce panorama enchanteur ait séduit le propriétaire de ce pacifique donjon. On pense qu'il se propose de l'habiter, en lui donnant toutefois une destination à la fois utile et artistique ; nous avons lieu d'espérer que M. Liénard, qui joint à un génie inventeur le goût des œuvres d'art, n'altérera en rien le caractère monumental de cet édifice qui se recommande suffisamment de lui-même, et qu'il aura à cœur de conserver aussi pur que possible ce souvenir de la grandeur et de l'importance de ce pays qu'il aime et chérit comme un pays natal.

Chose singulière ! Lorsqu'on se prend à étudier un vieux monument qui vous attache, ne fût-ce que par ses ruines, on voudrait connaître jusque dans les moindres circonstances les curieux détails de sa généalogie, c'est-à-dire tous les faits historiques qui se lient à sa longue et orageuse existence. On trouve que ces faits, partout ailleurs insignifiants, conservent, en présence des muets débris qui les provoquent, un immense intérêt, un à-propos sans égal. Essayons donc de soulever ici le voile épais qui nous couvre l'origine incertaine de cette forteresse, nous grouperons ensuite les rares évènements qui la concernent.

ORIGINE DE LA FORTERESSE ; ÉVÈNEMENTS QUI S'Y RAPPORTENT.

Nous avons eu beau refeuilleter nos chroniques locales, consulter nos archives manuscrites, nous n'avons rien rencontré qui pût nous renseigner d'une manière satisfaisante sur les destinées d'Amblegny pendant toute la période Mérovingienne et Carlovingienne. Il faut arriver en plein Moyen-Age, c'est-à-dire au XIIe siècle, pour qu'il en soit seulement question.

On croit que, de temps immémorial, le chapitre de Soissons possédait en partie le territoire d'Amblegny, dont il avait joui assez pacifiquement jusqu'au Xe siècle ; mais les choses n'avaient pas tardé à changer de face, et l'on sait que, dès le XIe siècle, les communautés religieuses, ne pouvant plus défendre leurs propriétés contre l'arbitraire des seigneurs et les envahissements de la féodalité (1),

(1) La donation que fit le comte Renaud lors de la fondation de Saint-Léger, en 1137, en abandonnant la dîme du pain et du vin qu'il avait coutume de percevoir à Amblegny, serait-elle une restitution que ce comte aurait été obligé de faire à la suite de quelque spoliation injuste et anti-canonique ? Rien ne l'indique dans la charte de fondation ; mais on pourrait admettre qu'elle le laisse supposer.

furent obligées de confier leurs intérêts temporels à de
hauts et puissants barons. Cette concession donnait
ordinairement lieu à la création de fiefs ou d'établissements militaires chargés de protéger la contrée contre
les incursions et les attaques de l'ennemi, et cela au
moyen d'une garnison qu'on entretenait dans quelque
château-fort. Sous le rapport de la puissance, de la
bravoure et de la probité politique, la maison de Pierrefonds jouissait alors d'une considération méritée dans
le pays. Il est donc probable que l'avouerie d'Amblegny
fut remise entre ses mains, sans qu'on sache cependant
l'époque précise où se fit cet arrangement. On peut supposer, avec assez de raison, que ce fut à la fin du xi[e]
siècle, vers 1080, qu'eut lieu cette transaction, parce
que dans le siècle suivant (1155) Drogon, seigneur de
Pierrefonds, donne à l'abbaye de Valsery un lieu indiqué
sous le nom de *Castellum* (1); et qu'en 1175, le successeur
de Drogon possédait déjà une mairie à Amblegny et un
fief qui furent achetés par le chapitre de Soissons. On
employa à cette acquisition les soixante écus que
l'évêque Hugues de Champfleury avait laissés aux chanoines par testament et dont on devait leur faire la distribution le jour anniversaire de sa mort. (2)

Cette donation et cette vente, bien qu'elles n'établis-
sent pas dès lors, d'une manière incontestable, l'existence
de cette transaction entre le chapitre et les seigneurs de
Pierrefonds, paraissent au moins la supposer; et ce

(1) Ce mot *Castellum* ne nous semble pas constater, comme
le prétend l'historien du Valois, l'existence d'une première forteresse bâtie sur la fin du xie siècle; mais simplement l'abandon de
la propriété du châtet ou châtelet, *castellum.* C'est pour avoir
ignoré ou négligé cette dénomination locale d'un lieudit, près du
hameau de Montaigù, que Carlier a été amené à admettre cette
fausse supposition. (Voyez Hist. du Valois, t. 2, p. 37. Gall. Christ.
t. 9, p. 467, 486, 562)

(2) Rousseau. Hist. mss, page 125. Cartul. fol. 69.

qui fortifie cette hypothèse déjà vraisemblable en elle-même, c'est la construction de la forteresse que l'on peut sans danger faire remonter à la fin du XIIe siècle. Et, d'ailleurs, il faut bien qu'on admette cette date, puisque, dans l'énumération que l'on fit des forteresses du royaume en 1214, celle d'Amblegny, qui était en même temps un arrière-fief du donjon de Martimont, lieu si célèbre dans le Valois, est comprise, après celle de Pierrefonds, sous le nom de forteresse de Rondail ou de Fouace. Armentières et Maurepas, situés à Missy-au-Bois, étaient deux arrière-fiefs de cette tour.

Ce château appartenait, sous Philippe-Auguste, à Enguerrand d'Amblegny; il passa, dans le cours du XIIIe siècle (1215), à Gervais de Tristan, dont la souche s'illustra à la célèbre bataille de Bouvines. Quelques années après (1218), Philippe-Auguste, sans doute pour récompenser les services militaires de cette honorable famille, lui fit un abandon des terres et des vignes qu'il avait achetées d'Agathe de Pierrefonds, à la condition expresse de ne pas bâtir sur ces nouveaux domaines. Mais cette propriété ne resta pas longtemps entre les mains de cette famille; un des descendants de Gervais vendit aux rois de France ceux de ses biens qu'il ne donna pas aux communautés religieuses (1237). Ce fut sans doute à cette occasion que saint Louis posséda à Amblegny une maison et une terre qu'il échangea bientôt pour la terre de Roupy, près de Saint-Quentin. Malgré cet échange, il paraît que ce prince conservait encore un domaine qui s'étendait jusqu'au château et qui fut dans la suite incorporé à l'apanage des comtes du Valois. C'est ce que nous apprend une lettre de 1296 (1).

---

(1) Hist. du Valois... On dit que la maison des Tournelles, ancien domaine dont on vient de démolir la grange qui était flanquée de contre-forts, avait appartenu à saint Louis. Un peu plus bas et dans le quartier qui, du calvaire s'étend jusqu'au château, on remarque,

Ce fut aussi vers le même temps que le chapitre de Soissons rentra en possession de la forteresse auquel Gentian Tristan l'avait cédé ou rendu en 1297 et qui, en 1314, obtenait du roi la permission de donner, aux chanoines de Saint-Gervais, les biens qu'il possédait à Amblegny. De son côté, Pierre de Latilly, évêque de Châlons et auparavant chanoine de la cathédrale de Soissons, avait fait don, en 1323, à ses anciens confrères, de la terre d'Amblegny avec tous ses droits, à la charge d'une messe du Saint-Esprit pendant sa vie et, après sa mort, d'un anniversaire pour lui et pour le roi Charles si, pour le malheur de la France, il venait à mourir (1). Nicolas de Solange, doyen de la cathédrale, mourut la même année, laissant de son côté au chapitre une acquisition faite à Amblegny, et 20 livres de rente sur une maison à Soissons, et à l'Hôtel-Dieu son lit et sa couverture de peaux d'écureuils.

Quant à la famille de Tristan qui ne se maintenait sans doute qu'avec beaucoup de difficulté dans son ancien rang, elle avait fini par porter le nom de Gentionnet ;

près du logement des sœurs, une petite maison assez ancienne, éclairée d'une fenêtre à arcature trilobée et défendue, sur le devant, par un mur flanqué à ses extrémités par des tourillons dont il ne reste plus que l'encorbellement, qui pourrait revendiquer le même droit. La première de ces maisons ne serait-elle pas le fief des Tristans donné au chapitre de Soissons, puisqu'il la possédait encore en 1789 ? Et le domaine de saint Louis, ne serait-ce pas la ferme du Pressoir qui s'étend jusqu'au Châtet ou Châtelet, et qui était dans le dernier siècle la propriété d'un M. d'Homblières ?

(1) Cette disposition si pieuse de l'ancien chancelier de l'Empire, nous donne une idée de sa reconnaissance et de son amour pour cette famille royale à laquelle il avait été si dévoué, et peut-être aussi de la crainte bien fondée qu'il avait de voir mourir ce jeune prince, au couronnement duquel il avait assisté l'année précédente. Sa prévision ne fut que trop vraie : Charles Le Bel fut enlevé, comme ses deux frères, Louis et Philippe V, dans un âge peu avancé.

elle avait même été obligée de vendre successivement les propriétés qui lui restaient encore.

Il est à remarquer cependant que cette aliénation des forteresses du royaume n'ôtait pas au roi le droit qu'il avait, en temps de guerre ou de paix, de disposer des châteaux-forts pour y placer des garnisons et veiller à la sûreté du pays. Toutefois, en rentrant en possession de ce fort, le chapitre ne paraît pas s'être occupé de le remettre entre les mains du roi; mais il en confia de nouveau la garde aux châtelains de Pierrefonds dont il connaissait la loyauté et la bravoure.

Cette forteresse, quoique formidable en apparence, ne paraît pas cependant avoir jamais joué un grand rôle dans l'histoire militaire de notre province. Nous savons seulement qu'en 1400, lors de la guerre des Bourguignons, elle fut durement attaquée; mais Bosquiaux délogea les assaillants de leur position et les contraignit à lever le siége qu'ils en faisaient. Quelques années après, elle tomba au pouvoir des factieux; mais, en 1412, le duc d'Orléans rentra en possession d'Amblegny; et Bosquiaux recouvra encore le commandement en chef de Pierrefonds, Amblegny, Courtreux et Viviers. En 1414, selon le pouillé du diocèse, en 1429, d'après Rousseau, un camp se forma dans la vallée d'Amblegny; mais on ne parle d'aucune entreprise sérieuse de la part de ces troupes contre le château. On pourrait penser que la ruine du donjon date de 1567, époque si funeste aux places fortes et aux établissements religieux du Valois; à moins qu'on ne préfère lui assigner avec nous la même cause politique qui démantela La Ferté-Milon, pourfendit Pierrefonds et fit sauter Coucy, trois magnifiques forteresses qui durent leur destruction aux trois plus grands hommes qui aient gouverné la France de 1590 à 1650 : Henri IV, Richelieu et Mazarin. Le donjon d'Amblegny fut découronné, les voûtes effondrées et les tours de ceinture en partie démolies. Ce qui nous ferait opter pour ce sentiment, c'est qu'on voit, le 3 février 1595, de Moussy et d'autres capitaines royalistes, partant de Crépy chercher les ennemis par toutes les traverses de la forêt et jusqu'aux portes de Soissons et d'Amblegny, pour les provoquer au combat, preuve évidente que le château d'Amblegny avait encore une garnison pour la ligue : n'est-ce pas à cette circonstance ou à quelqu'autre de ce genre qu'il dut sa proscription ?

Ce château fut dès lors abandonné comme une ruine qui resta entre les mains du chapitre, qui en avait pris les bois pour la construction de sa grange des dîmes ; et lorsqu'éclata la révolution de 89, elle n'eut presque rien à faire que d'enlever deux des tours qui restaient encore, d'essayer la démolition du donjon, qu'on fut forcé d'abandonner après des essais infructueux.

Bien avant cette époque désastreuse, le chapitre soutenait avoir la seigneurie de tout le territoire d'Amblegny, avec le droit de censive, de rouage, d'affouage, vinage, terrage et voirie. Ce fut pour échapper aux nombreuses contestations qu'on lui suscitait contre l'exercice de ces droits, qu'il résolut de l'échanger contre les Moulins de Gonesse. Nonobstant cet échange, ratifié en 1525, le chapitre ne paraît pas en avoir moins conservé sa qualité de présentateur et de décimateur, voire même ses droits de seigneurie, à l'exception du fief de Montaigu qui appartenait, avec la justice entière, au seigneur de Cœuvres, d'une partie d'Amblegny, des hameaux de Coartanson, du Pressoir et du Soulier, en ce qui est de la paroisse, composant la prévôté et qui relevait de l'exemption de Pierrefonds. En 1663, de nouvelles difficultés s'élevèrent entre le chapitre et le vicomte de Soissons. François-Annibal d'Estrées, marquis de Cœuvres, intenta procès au chapitre au sujet de l'église d'Amblegny, prétendant que, du chef de Catherine de Bourbon, son aïeule, héritière de Jacques, bâtard de Vendôme, la seigneurie lui appartenait (1). Cette querelle n'eut aucune suite fâcheuse; elle fut pacifiée moyennant la cession d'une ferme située à Vierzy, dont le chapitre abandonna le revenu au marquis. La cure d'Amblegny était une des 89 cures séculières que les chanoines conféraient à tour de rôle en qualité de seigneur par indivis, ce qui n'en constituait pas moins, malgré l'importance de la population et l'étendue du territoire, une fort médiocre cure à portion congrue et un titre vicarial, aussi peu lucratif, attaché à la chapelle du fief de Montaigu.

Le bourg d'Amblegny a fourni peu d'hommes remarquables; on ne cite guères qu'Enguerrand qui assista à l'assemblée de Vivïers en 1205; Gentian de Tristan, grand échanson de France, élevé à la dignité d'amiral, mort en 1328; Jean Gresillon, prévôt de Crespy en 1324; Perrot d'Amblegny, auquel l'évêque de Senlis, Vast, laissa vingt livres par testament.

CROIX DES PAS SAINT-MARTIN.

Il existe sur le territoire d'Amblegny, sur le versant d'un coteau, vers Cutry, une croix en pierre qui est un objet de vénération pour les habitants de la contrée. Cette croix est placée à mi-côte, sur le chemin de communication. On y arrive en gravissant quinze à vingt pas empreints sur le gazon. La tradition a un tel respect pour ces vestiges sacrés, qu'elle soutient qu'ils sont ineffaçables, et que les tentatives des mécréants, essayées à cet égard, ont toujours donné droit à la croyance populaire. Faudrait-il voir, dans l'érection de ce calvaire, une substitution à un monument payen et qui remonterait à saint Martin, patron du pays? Nous n'avons pas

(1) Rousseau, hist. mss., t. 1, 2e partie, p. 18.

à nous prononcer sur ce point. Il nous suffit de constater l'existence de ces faits extrêmement curieux et dont une longue et persévérante tradition nous garantit l'authenticité.

TABLE.

Leon. Éd. Fleury, imprimeur.

www.ingramcontent.com/pod-product-compliance
Lightning Source LLC
LaVergne TN
LVHW010446060726
842527LV00005B/1720